上善堂文化
宗教哲學

無極天靈自修經典系列

般若法門

光

謹以本書獻給　父親與母親，感謝　父親與母親在這個顛沛流離、動盪不安的大時代，在這個殊勝的地方，生育、養育、照顧我們，讓我們可以了解生而為人的目標與生命的意義。感恩　不盡！

前言

話說周武王於牧野之戰打敗了商紂王以後，於西元前一〇四六年建都於鎬京（現今陝西西安西南），再經過約五十年，就到了無極天靈第一次的龍華科期。此時正值周朝「成康之治」（西元前一〇四三—九九六年）之際，民風純樸，人性單純，以農業社會為主，大家過著日出而作，日落而息的簡單生活，大多數的人都不識字，人們的生活物質慾望不高，無極第一代元母於此時降化在中土之鎬京，主持第一次的龍華科期。無極眾生經過一到三個月長途路途的跋涉，抵達修行的場地後，大家就在一起修行，共同生活，分工合作，自給自足，一起為了無極天靈真靈歸原、復古收圓的共同天命努力，很快的六十年的科期一下就結束了，結束後《無極天靈修道法》就在人世間因為時間的流逝，而逐漸淡忘，從此失傳。

第一次龍華科期時，此時道教尚未產生，一般民間道教的起源，是指東漢張道陵（西元三四－一五六年）於四川鶴鳴山創立五斗米教始傳法（後遷龍虎山）；佛教於此時也尚未傳入中土，佛教於東漢（西元六八年）才在河南洛陽設立第一間佛寺－白馬寺，開始在中土傳法，因此第一次龍華科期是很單純的，因為早了道教與佛教約一千年，那時只有這種修道法，大家照著做就好，也不用為了吃飯生存的問題煩惱，因為大家都住在一起，自耕自食，自己自足。

經過二千多年時代的轉變，儒家、道教和佛教成為中華傳統文化的主流，並隨著時代的改變不斷演進，以適合當時的環境狀況。西元一九六六年（民國五十五年）中華人民共和國在中國大陸進行了長達十年的文化大革命，幾乎將中華傳統的文化摧毀殆盡，實為中華文化之浩劫，幸 中華民國政府雖然於民國卅八年（西元一九四九）戰敗於中華人民共和國退守在台澎金馬，總算在這幾個小島上，繼續保存傳承了中華文化數千年來的道統一脈，因此第二次的龍華科期才會選在台灣這個寶島舉辦。近年來，中國大陸地區政府，對於復興中華傳統文化不遺餘力，物換星移，此消彼長，令人不禁莞爾。

話說三千年很快的就過去了，又到了第二次龍華科期的科考時間，主辦地點因緣際會的選在台灣舉辦，並於民國八十年（西元一九九一年）在台灣正式開始第二次的龍華科考；民國九十一年（西元二〇〇二年）五元老祖金尊完成雕刻於嘉義之道場，由 老祖 母娘欽定傳法，由於這三千年來人世間的變化太大，人心已不是那麼單純，人們的慾望叢生，私心迭起，人世間各類的信仰亂象滿天飛，各種真真假假的宗教與神通，裝神弄鬼之術，也充斥在台灣的各各修道場所與不同角落，誘惑著想要修行的無極眾生與太極眾生，當然想要參加科考的無極天靈更是心急如焚，但又無所適從，因為肉體常常誤入世間的宗教歧途或修錯法門。第一次的天盤很快因為人心的變化被 老祖 母娘收回，因此第二次天盤改降在桃園，但再一次因為人心的轉變與誤導，又再度被 老祖 母娘收回。第三次的天盤能降在台北林口是非常不容易的，有了前兩次不成功的經驗，老祖 母娘也更加謹慎面對人世間如此多變的人心，但因為人為宗教的心念偏差與誤導，很遺憾的第四次的天盤再轉，真是無奈。

《無極天靈修道法》其實是很簡單的，但紅塵未了的無極眾生做起來，真的很不簡單，如何能夠發展出適合現在時代的修道方式，得到 老祖 母娘的認可，「以今之道，以御今之有，能知古始，是謂道紀」。這是我們無極眾生很重要的功課。前人種樹，後人乘涼，讓我們一起達成無極天靈真靈歸原、復古收圓的共同天命，這樣才不會辜負 老祖 母娘對我們的一番期許。

目錄

第五篇　太一生水

序

弟子自甲午年中秋後開始修行《無極天靈修道法》，乙未年十月承蒙 老祖 母娘指示，研讀「老子」以得「道」之真義，於研讀過程中發現傳世之「老子」或稱「道德經」各朝代、各版本內容與解釋迴異，造成諸多釋義上的困擾及疑惑，因此發起重新整理編譯之念頭，以方便後學研讀。

本書成書的緣由，乃在重新整理編譯「老子」的過程中，發現許多「道教」與「佛教」的經典，其義理與「老子」不謀而合，且文句簡單，易讀易懂，使用普遍，若能從此處下手了解認識，後學研讀「老子」時，當收事半功倍之效。

弟子才疏學淺、本著如臨深淵、如履薄冰之態度，經 老祖 母娘於丁酉年正月同意，擇選五篇傳世之「道教」與「佛教」短篇經典，重新整理編譯成此書，其中前言與其中兩篇編譯的內容，曾於道苑發表。本書相關內容若有錯誤或不足之處，也請各方先進予以指導修正，以利後學修習方便。感謝 老祖 母娘、無極眾神尊與諸位神仙佛，作主加持相助，弟子感恩不盡！

無極真好！

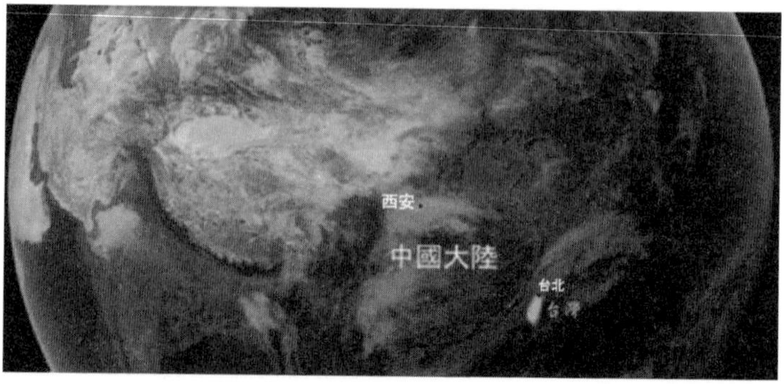

龍華科期舉辦地點

龍華科期　第二期　無極偈

元一居士

五元老祖齊下凡，共赴龍華科期會，
天盤輪轉蓬萊島，因緣殊勝龍鳳聚。
道先天地本無極，水返天地太極生，
允執厥中惟執一，復古收圓真靈歸。

第一篇　太上升玄消災護命妙經

太上升玄消災護命妙經　簡介

太上升玄消災護命妙經，又名《護命妙經》，作者不詳，學者推斷此經應出於約南北朝（西元四二〇—五八九年）末或隋唐（西元五八一—六一八年）之際。現存文本收錄於《正統道藏》洞神部本文類。另有敦煌唐抄本二件，題作《太上升玄護命經》。又《雲笈七籤》卷一一九亦全錄此經，題作《太上靈寶升玄消災護命經》。

此經文是目前能找到傳世經文，最早為無極天靈說法的資料。本經篇幅約三百餘字，分作三節，係　元始天尊為無極眾生說法，能悟此道者，即入眾妙之門。經文第一節說明　元始天尊與無極聖眾在無極界，觀世間無極眾生，因為不明白有無、色空之理，在世間受輪迴生死之苦，無法脫離。第二節由 元始天尊說法，說明有、無、色、空之理，能悟此法者，則入眾妙之門。第三節說明誦讀此經之護命妙用。

太上升玄消災護命妙經 本文

爾時元始天尊在七寶林中，五明宮內，與無極聖眾，俱放無極光明，照無極世界，觀無極眾生，受無極苦惱，宛轉世間，輪迴生死；漂浪愛河，流吹慾海；沉滯聲色，迷惑有無；無空有空，無色有色；無無有無，有有無有；終始暗昧，不能自明，畢竟迷惑。

天尊告曰：汝等眾生，從不有中有，不無中無；不色中色，不空中空；非有為有，非無為無；非色為色，非空為空。空即是空，空無定空；色即是色，色無定色；即色是空，即空是色。若能知空不空，知色不色，名為照了，始達妙音。識無空法，洞觀無礙，入眾妙門，自然解悟。離諸疑網，不著空見，清靜六根，斷除邪障。我即為汝說是妙經，名曰護命。濟度眾生，隨身供養，傳教世間，流通讀誦。即有飛天神王、破邪金剛、護法靈童、救苦真人、金精猛獸，各百億萬眾，俱來侍衛是經，隨所供養，捍厄扶衰，度一切眾生，離諸染著。

爾時天尊即說偈曰：

視不見我　聽不得聞

離種種邊　名曰妙道

（全文終）

太上升玄消災護命妙經

爾時元始天尊在七寶林中。
五明宮內。與無極聖眾。
俱放無極光明。
照無極世界。
觀無極眾生。
受無極苦惱。
宛轉世間。輪迴生死。
漂浪愛河。流吹慾海。

白話文對照翻譯

這個時候元始天尊在七寶林中
五明宮內，與無極聖眾
一起綻放無極光明
照耀著無極世界
看著人世間的無極眾生
受著無窮無盡的痛苦煩惱
委婉流轉於世間，不停的輪迴生死
飄泊流浪於愛河中，流放吹浮於慾海中

沉滯聲色。迷惑有無。
無空有空。無色有色。
無無有無。有有無有。
終始暗昧。不能自明。
畢竟迷惑。
天尊告曰。汝等眾生。
從不有中有。不無中無。
不色中色。不空中空。

沈溺滯留於聲色中，迷惘困惑於擁有與失去中
無空與有空，無色與有色
無無與有無，有有與無有
自始至終昏暗愚昧，不能夠清楚明白
終究感到迷惘困惑
元始天尊說：你們這些眾生
從沒有中有，從不無中無
沒有色中有色，沒有空中有空

非有為有。非無為無。
沒有有以為是有，沒有無以為是無

非色為色。非空為空。
沒有色以為是色，沒有空以為是空

空即是空。空無定空。
空就是空，空沒有一定是空

色即是色。色無定色。
色就是色，色沒有一定是色

即色是空。即空是色。
當下色就是空，當下空就是色

若能知空不空。知色不色。
若能知道空不是空，知道色不是色

名為照了。始達妙音。
稱之為「照了」，才達到聽聞妙音

識無空法。洞觀無礙。
知道此無空妙法，洞觀明瞭沒有障礙

入眾妙門。自然解悟。
進入眾妙之門，自然了解覺悟

離諸疑網。不著空見。
離開這些疑問迷惘，不落入空見

清靜六根。斷除邪障。
我即為汝說是妙經。
名曰護命。
濟度眾生。隨身供養。
傳教世間。流通讀誦。
即有飛天神王。破邪金剛。
護法靈童。救苦真人。
金精猛獸。各百億萬眾。
俱來侍衛是經。隨所供養。

清靜眼耳鼻舌身意六根，斬斷滅除邪魔外障
我現在為各位說此妙經
稱之為「護命」
救濟渡化眾生，隨身供養
傳教於世間，流通誦讀
當下就會有飛天神王，破邪金剛
護法靈童，救苦真人
金精猛獸，各百億萬眾
都會來扶持護衛此經，隨所供養

捍厄扶衰。度一切眾生。
離諸染著。
爾時天尊即說偈曰。
視不見我　聽不得聞
離種種邊　名曰妙道
（全文終）

捍衛苦難扶持衰弱，幫助度化一切眾生
離開人世間這些污染執著
這時元始天尊就開示說偈
看看不見我　聽也聽不到
離開這種種邊際　稱之為元妙之道

太上升玄消災護命妙經

白話文翻譯

這個時候元始天尊在七寶林中，五明宮內，與無極聖眾，一起綻放無極光明，照耀著無極世界。看著人世間的無極眾生，受著無窮無盡的痛苦煩惱；委婉流轉於世間，不停的輪迴生死；飄泊流浪於愛河中，流放吹浮於慾海中；沈溺滯留於聲色中，迷惘困惑於擁有與失去中。無空與有空；無色與有色；無無與有無；有有與無有，自始至終昏暗愚昧，自己不能夠清楚明白，終究感到迷惘困惑。

元始天尊說：你們這些眾生，從沒有中有，從不無中無；沒有色中有色，沒有空中有空；沒有有以為是有，沒有無以為是無；沒有色以為是色，沒有空以為是空；空就是空，空沒有一定是空；色就是色，色沒有一定是色；當下色就是空，當下空就是色；若能知道空不是空，知道色不是色；稱之為「照了」，才達到聽聞妙音。知道此無空妙法，洞觀明瞭沒有罣礙，進入眾妙之門，自然了解覺悟，離開這些疑問迷惘，不落入空見，清靜眼耳鼻舌身意六根，斬斷滅除邪魔外障。

我現在為各位說此妙經，稱之為「護命」，救濟渡化眾生，隨身供養，傳教於世間，流通誦讀，當下就會有飛天神王、破邪金剛、護法靈童、救苦真人、金精猛獸、各百億萬眾，都會來扶持護衛此經，隨所供養。捍衛苦難扶持衰弱，幫助度化一切眾生，離開人世間這些污染執著。

這時元始天尊就開示說偈：

視不見我　聽不得聞

離種種邊　名曰妙道

（全文翻譯完畢）

攝於　廣東韶關南華寺

六祖會能 偈（西元六三八年—七一三年）

菩提本無樹，明鏡亦非臺，

本來無一物，何處惹塵埃。

神秀 偈（西元六〇六年—七〇六年）

身是菩提樹，心是明鏡臺，

時時常拂拭，莫使惹塵埃。

第二篇　般若波羅蜜多心經

般若波羅蜜多心經 簡介

般若波羅蜜多心經，又稱《佛說摩訶般若波羅蜜多心經》、《摩訶般若波羅密多心經》；簡稱《般若心經》、《心經》，是闡述大乘佛教的空性和般若思想的經典。

《心經》是所有佛經中被翻譯次數最多，譯成文本最豐富，最常被朗讀、背誦的經典。原本有廣本及略本兩種本子。廣本具有序分、正宗分、流通分；略本只有正宗分。鳩摩羅什（西元三三四—四一三年）與玄奘（西元六〇二—六六四年）譯本皆是略本。《般若波羅蜜多心經》為《大般若經》的重點結集，濃縮成為二百餘字的經典。漢傳佛教中最常見的版本為唐朝玄奘（西元六四九年）譯本，共二六〇個字，其文提綱挈領、博大精深，展現了般若學的精髓，是大乘佛教出家、在家佛教徒日常背誦的佛經之一。

佛說《摩訶般若波羅蜜多心經》的緣起，是在印度王舍城的靈鷲山中，為三乘諸菩薩聲聞弟子所圍繞說法。其中「摩訶」，指無邊無際的大。「般若」，指通達妙智慧。「波羅蜜多」，指到達彼岸或圓滿成就。「般若波羅蜜多」義為，由文字聞修而親證般若智慧，超脫生死輪迴，到達不生不滅的解脫境界。

《般若波羅蜜多心經》是《大般若經》的精髓，《大般若經》總共六百卷，內容是佛陀在四個地方進行十六次集會「四處十六會」，所記載佛陀宣說諸法皆空的義理。玄奘法師於西元六六〇年開始翻譯此經，此經梵文本計二十萬頌，於西元六六三年翻譯完成。

《大般若經》的內涵以空性為主，《大般若經》在印度的結集最早出現於南印度，後傳播到西、北部印度，且在貴霜王朝（一世紀至四世紀）時期廣為流行。《大般若經》宣稱大乘即是般若，般若即是大乘，大乘與般若並無二別，成為大乘佛教的基礎理論。

此經典對凡間太極天靈與無極天靈助益甚大，此經典之義理已與中華傳統文化密切結合，融入在人們的日常生活修行中，透過對此經典的了解，能悟得佛教般若空性的菩提妙智慧，離諸染境，超脫生死輪迴，到達不生不滅的解脫境界。

般若波羅蜜多心經 本文

觀自在菩薩。行深般若波羅蜜多時。照見五蘊皆空。度一切苦厄。舍利子。色不異空。空不異色。色即是空。空即是色。受想行識。亦復如是。舍利子。是諸法空相。不生不滅。不垢不淨。不增不減。是故空中無色。無受想行識。無眼耳鼻舌身意。無色聲香味觸法。無眼界。乃至無意識界。無無明。亦無無明盡。乃至無老死。亦無老死盡。無苦集滅道。無智亦無得。以無所得故。菩提薩埵。

依般若波羅蜜多故。心無罣礙。無罣礙故。無有恐怖。遠離顛倒夢想。究竟涅槃。三世諸佛。依般若波羅蜜多故。得阿耨多羅三藐三菩提。故知般若波羅蜜多。是大神咒。是大明咒。是無上咒。是無等等咒。能除一切苦。真實不虛。故說般若波羅蜜多咒。即說咒曰。

揭諦揭諦 波羅揭諦 波羅僧揭諦 菩提薩婆訶

（全文終）

般若波羅蜜多心經

般若波羅蜜多心經

觀自在菩薩。

行深般若波羅蜜多時。

照見五蘊皆空。

度一切苦厄。

舍利子。

色不異空。空不異色。

白話文對照翻譯

智慧到達彼岸（覺悟）的心經

觀自在菩薩

修行深入智慧到達彼岸（覺悟）時

照見五蘊（色受想行識）皆空

度盡一切痛苦困難

舍利子（佛陀弟子，號稱「智慧第一」）

色和空沒有不一樣，空和色沒有不一樣

色即是空。空即是色。

受想行識。亦復如是。

舍利子。

是諸法空相。不生不滅。

不垢不淨。不增不減。

是故空中無色。

無受想行識。

無眼耳鼻舌身意。

無色聲香味觸法。

色就是空，空就是色

受想行識，也都是如此

舍利子

是諸法皆為空相，沒有生也沒有滅

沒有污垢也沒有潔淨，沒有增加也

沒有減少

所以說空中沒有形象

沒有感受、思想、行動、意識

沒有眼耳鼻舌身意（六根）

沒有色身香味觸法（六塵）

無眼界。乃至無意識界。

無無明。亦無無明盡。

乃至無老死。亦無老死盡。

無苦集滅道。無智亦無得。

以無所得故。

菩提薩埵。

依般若波羅蜜多故。

心無罣礙。

沒有眼界，乃至於沒有意識界（六識）

沒有無明，也沒有無明盡（十二因緣）

乃至沒有老死，也沒有老死盡

沒有苦集滅道（四聖諦），沒有智慧也沒有得到（六波羅蜜多）

因為了解甚麼都沒有得到的緣故

這是覺悟的有情眾生（菩薩）

依智慧到達彼岸（覺悟）故

心中沒有掛念阻礙

無罣礙故。無有恐怖。
遠離顛倒夢想。
究竟涅槃。三世諸佛。
依般若波羅蜜多故。
得阿耨多羅三藐三菩提。
故知般若波羅蜜多。
是大神咒。是大明咒。
是無上咒。是無等等咒。

因為沒有掛念阻礙，所以沒有恐怖（五怖畏）
遠離顛倒夢想（八顛倒）
達到真實圓滿的寂靜，三世諸佛的境界
依智慧到達彼岸（覺悟）故
得到無上正等正覺的菩提妙智慧
所以知道智慧到達彼岸（覺悟）
是大神咒，是大明咒
是無上咒，是無等等咒

能除一切苦。真實不虛。能解除一切痛苦困難，是真實不虛的

故說般若波羅蜜多咒。所以說智慧到達彼岸（覺悟）的咒語

即說咒曰。就說咒語

揭諦揭諦。去吧！去吧

波羅揭諦。向彼岸（覺悟）去吧

波羅僧揭諦。一起向彼岸（覺悟）去吧

菩提薩婆訶。祝福成就圓滿的菩提妙智慧

（全文終）

般若波羅蜜多心經

白話文翻譯

觀自在菩薩，修行深入智慧到達彼岸（覺悟）時，照見五蘊（色受想行識）皆空，度盡一切痛苦（八苦──生、老、病、死、愛別離苦、怨憎會苦、求不得苦與五陰盛苦）困難。舍利子，色和空沒有不一樣，空和色沒有不一樣；色就是空，空就是色；受想行識，也都是如此。

舍利子，是諸法皆為空相，沒有生也沒有滅；沒有污垢也沒有潔淨，沒有增加也沒有減少；所以說空中沒有形象，沒有感受、思想、行動、意識；沒有眼耳鼻舌身意

（六根），沒有色身香味觸法（六塵）；沒有眼界，乃至於沒有意識界（六識）；沒有無明，也沒有無明盡（十二因緣──無明、行、識、名色、六入、觸、受、愛、取、有、生與老死）沒有苦集滅道（四聖諦），沒有智慧也沒有得到（六波羅蜜多──布施、持戒、忍辱、精進、禪定與般若），因為了解甚麼都沒有得到的緣故，這是覺悟的有情眾生（菩薩）。

依智慧到達彼岸（覺悟）故，心中沒有掛念阻礙，因為沒有掛念阻礙，所以沒有恐怖（五怖畏──惡名畏、惡道畏、不活畏、死畏與大眾威德畏），遠離顛倒夢想（八顛倒──凡人常顛倒、樂顛倒、我顛倒與淨顛倒；聲聞緣覺無常顛倒、無樂顛倒、無我顛倒與無淨顛倒），達到真實圓滿的寂靜，三世（過去、現在與未來）諸佛（十方一切佛）的境界。依智慧到達彼岸（覺悟）故，得到無上正等正覺的菩提妙智慧。

所以知道智慧到達彼岸（覺悟），是大神咒，是大明咒，是無上咒，是無等等咒，能解除一切痛苦困難，是真實不虛的，所以說智慧到達彼岸（覺悟）的咒語，就說咒語：

「揭諦揭諦」

「波羅揭諦」

「波羅僧揭諦」

「菩提薩婆訶」

（全文翻譯完畢）

攝於　江蘇蘇州玄妙觀

清靜偈

元一居士

真常應物。真常得性。
常應常靜。常清靜矣。
雖名得道。實無所得。
能悟之者。可傳聖道。

第三篇　太上老君說常清靜經

太上老君說常清靜經 簡介

太上老君說常清靜經，又名《常清靜經》或《清靜經》，作者不詳，收錄於《正統道藏》洞神部本文類。係太上老君西遊龜台之時，為西王母說常清靜經，經仙人輾轉傳授，葛玄筆錄而傳世。此經在盛唐時已流行，學者推斷此經應出於六朝（西元二二二—五八八年）或唐代（西元六一八—九〇七年）初，葛仙翁、左玄真人、正一真人之題記，學者評謂當為依託者作。

本經篇幅約三百餘字，分作兩節，後附跋文三則，文字簡練優美，為同類道經中最精萃者之一。全真道教規定此經為其日常誦習之必修功課。

太上老君為道教以老子為依託所轉化的道教神明。道教奉《老子》為至道妙言，敬太上老君為「無上大道」的化身，常分身救世、教化眾生。

「常」，指恆久。「清靜」，指諸塵不染，清心明性，無為虛靜。本經文第一節教人何為道，人心若能長保清靜，則與天地萬物同歸於道。心澄遣欲，內觀於心，了悟心、形、物三者，虛空常寂；惟真靜應物，真常得性，雖名得道，實無所得，是有所得。能悟之者，可傳聖道。

第二節教人煩惱妄想，實為妄心，無所爭、無所執、無妄心，悟者自得真常之道，得悟道者，常清靜矣。

太上老君說常清靜經　本文

老君曰：

大道無形，生育天地；大道無情，運行日月；大道無名，長養萬物；吾不知其名，強名曰道。

夫道者：有清有濁，有動有靜；天清地濁，天動地靜。男清女濁，男動女靜。降本流末，而生萬物。

清者濁之源，靜者動之基。人能常清靜，天地悉皆歸。

夫人神好清，而心擾之；人心好靜，而欲牽之。常能遣其欲，而心自靜，澄其心而神自清。自然六慾不生，三毒消滅。所以不能者，為心未澄，欲未遣也。能遣之者，內觀其心，心無其心；外觀其形，形無其形；遠觀其物，物無其物。三者既悟，唯見於空；觀空亦空，空無所空；所空既無，無無亦無；無無既無，湛然常寂；寂無所寂，欲豈能生？欲既不生，即是真靜。

真常應物，真常得性；常應常靜，常清靜矣。如此清靜，漸入真道，既入真道，名為得道，雖名得道，實無所得，為化眾生，名為得道，能悟之者，可傳聖道。

老君曰：

上士無爭，下士好爭；上德不德，下德執德。執著之者，不明道德。眾生所以不得真道者，為有妄心。既有妄心，即驚其神；既驚其神，即著萬物；既著萬物，即生貪求；既生貪求，即是煩惱；煩惱妄想，憂苦身心；但遭濁辱，流浪生死，常沉苦海，永失真道。真常之道，悟者自得，得悟道者，常清靜矣。

原經後跋

仙人葛翁曰：

吾得真道，曾誦此經萬遍。此經是天人所習，不傳下士。吾昔受之於東華帝君，東華帝君受之於金闕帝君，金闕帝君受之於西王母。西王母皆口口相傳，不記文字。吾今於世，書而錄之。上士悟之，升為天官；中士悟之，南宮列仙；下士得之，在世長年。遊行三界，升入金門。

左玄真人曰：

學道之士，持誦此經者，即得十天善神，擁護其身。然後玉符保神，金液煉形。形神俱妙，與道合真。

正一真人曰：

人家有此經，悟解之者，災障不干，眾聖護門。神升上界，朝拜高真。功滿德就，相感帝君。誦持不退，身騰紫雲。

（全文終）

太上老君說常清靜經

白話文對照翻譯

太上老君曰。

太上老君說

大道無形。生育天地。

大道沒有形體，生育造化天地

大道無情。運行日月。

大道沒有情欲，運行日月輪轉

大道無名。長養萬物。

大道沒有名字，長成養育萬物

吾不知其名。強名曰道。

我不知道它的名字，勉強取名為「道」

夫道者。

「道」這個東西

有清有濁。

有清淨，有混濁

有動有靜。

有活動，有安靜

天清地濁。

天是清淨的，地是混濁的

天動地靜。

天是活動的，地是安靜的

男清女濁。

男性是清陽之體，女性是濁陰之身

男動女靜。

男人是活動的；女人是安靜的

降本流末。而生萬物。

清陽濁陰交流沖炁為和，而生成萬物

清者濁之源。

清淨是混濁的源頭

靜者動之基。

安靜是活動的基礎

人能常清靜。天地悉皆歸。

人如果能夠經常保持清靜，與天地萬物都同歸於大道夫人神好清。而心擾之。
人心好靜。而欲牽之。
常能遣其欲。而心自靜。
澄其心。而神自清。
自然六慾不生。
三毒消滅。

人的靈性是喜好清明，但被後天的心識擾亂
人的心識是喜好安靜，但被欲念給牽引
經常能夠排除這些欲念，則人的心識就自然能夠安靜
澄清自己的心識，則靈性就自然能夠清明
自然「眼、耳、鼻、舌、身、意」攝入之六種慾念，就不會產生
「貪，嗔，痴」三毒也就消滅

所以不能者。

有些人所以不能做到

為心未澄。欲未遣也。是因為其心識還沒有澄清，欲念還沒有排除

能遣之者。

能夠排除這些心識欲念的人

內觀其心。心無其心。向內觀察自己的心識，感受不到心識的存在

外觀其形。形無其形。向外觀察自己的形體，感受不到自己形體的存在

遠觀其物。物無其物。遠觀這些萬物，也感受不到這些萬物的存在

三者既悟。唯見於空。這三種「心、形、物」的東西既然都了解不存在，見到的都是虛空的

觀空亦空。空無所空。看到此虛空也是虛空的，虛空至無所虛空

所空既無。無無亦無。此無所虛空既然是不存在的，此不存在的不存在也是不存在的

無無既無。湛然常寂。此不存在的不存在既然也是不存在的，就回歸於恆久湛然寂靜的狀態

寂無所寂。欲豈能生。寂靜到無法寂靜的狀態，欲念又怎麼能夠產生呢

欲既不生。即是真靜。欲念既然不會產生，就是達到真正清靜的狀態

真常應物。真常得性。以真正恆常清靜的狀態，來應對萬物，以真正恆常的狀態，來得到真性

常應常靜。常清靜矣。

恆常以安靜來應對，則恆常清明安靜

如此清靜。漸入真道。

如此清明安靜的狀態，就漸漸進入真正的大道

既入真道。名為得道。

既然進入真正的大道，稱之為「得道」

雖名得道。實無所得。

雖然稱之為「得道」，實在是沒有得到什麼道

為化眾生。名為得道。

為了度化眾生，才稱之為「得道」

能悟之者。可傳聖道。

能夠了悟此道理的人，可以傳授聖道

太上老君曰。

太上老君說

上士無爭。下士好爭。

通達的讀書人，是沒有什麼好爭的，沒有通達的讀書人，喜好爭奪

上德不德。下德執德。

高明有德性的人，不會執著於德性，沒有高明德性的人，執著於行德

執著之者。不明道德。

執著於行德的人，是不明白真正的道德

眾生所以不能得真道者。

眾生為什麼不能覺悟得到真正的大道呢

為有妄心。

因為有妄想心

既有妄心。即驚其神。

既然有妄想心，就會驚擾他的靈性

既驚其神。即著萬物。

既然驚擾他的靈性，就會執著於萬物

既著萬物。即生貪求。

既然執著於萬物，就會產生貪念欲求

既生貪求。即是煩惱。

既然產生貪念欲求，這些就是煩惱

煩惱妄想。憂苦身心。煩惱妄想，憂苦自己的身心

便遭濁辱。流浪生死。使自己的靈性遭受混濁侮辱，流浪在生死的輪迴

常沉苦海。永失真道。沉淪在苦海的人世間，永遠失去得到真正的大道

真常之道。悟者自得。真正恆常之大道，覺悟的人能夠自得

得悟道者。常清靜矣。得到覺悟大道的人，心神長保清明安靜

（全文終）

太上老君說常清靜經

白話文翻譯

太上老君說：大道沒有形體，生育造化天地；大道沒有情欲，運行日月輪轉；大道沒有名字，長成養育萬物；我不知道它的名字，勉強取名為「道」。

「道」這個東西，有清淨，有混濁；有活動，有安靜；天是清淨的，地是混濁的；天是活動的，地是安靜的；男性是清陽之體，女性是濁陰之身；男人是活動的，女人是安靜的，清陽濁陰交流沖炁為和，而生成萬物。清淨是混濁的源頭，安靜是活動的基礎，人如果能夠經常保持清靜，天地與萬物都同歸於大道。

人的靈性是喜好清明，但被後天的心識擾亂，人的心識是喜好安靜，但被欲念給牽引，經常能夠排除這些欲念，則人的心識就自然能夠安靜，澄清自己的心識，則靈性就自然能夠清明，自然「眼、耳、鼻、舌、身、意」所攝入之六種慾念，就不會產生，「貪，嗔，痴」三毒也就消滅，有些人所以不能做到，是因為其心識還沒有澄清，欲念還沒有排除，能夠排除這些心識欲念的人，向內觀察自己的心識，感覺不到心識的存在，向外觀察自己的形體，感覺不到自己形體的存在，遠觀這些萬物，也感覺不到這些萬物的存在，這三種「心、形、物」的東西既然都了解不存在，見到的都是虛空的，看到此虛空也是虛空的，虛空至無所虛空，此無所虛空既然是不存在的，此不存在的不存在既然也是不存在的，此不存在的不存在既然也是不存在的，就回歸於恆久湛然寂靜的狀態，寂靜到無法寂靜的狀態，欲念怎麼能夠產生呢？欲念既然不會產生，就能達到真正清靜的狀態。

以真正恆常清靜的狀態，來應對萬物，以真正恆常的狀態得到真性，恆常以安靜來應對，則恆常清明安靜也，如此清明安靜的狀態，就漸漸進入真正的大道，既然進入真正的大道，稱之為「得道」，雖然稱之為「得道」，實在是沒有得到什麼道，為了度化眾生，才稱之為「得道」，能夠了悟此道理的人，就可以傳授聖道。

太上老君說：通達的讀書人，是沒有什麼好爭的，沒有通達的讀書人，喜好爭奪；高明有德性的人，不會執著於德性，沒有高明德性的人，執著於行德；執著於行德的人，是不明白真正的道德。眾生為什麼不能覺悟得到真正的大道呢？因為有妄想心，既然有妄想心，就會驚擾他的靈性，既然驚擾他的靈性，就會執著於萬物，既然執著於萬物，就會產生貪念欲求，既然產生貪念欲求，這些就是煩惱，煩惱妄想，憂苦自己的身心，使自己的靈性遭受混濁污染，流浪在生死的輪迴，沉淪在苦海的人世間，永遠失去得到真正的大道。真正恆常之大道，覺悟的人能夠自得，得到覺悟大道的人，心神長保清明安靜。

（全文翻譯完畢）

攝於　台灣花蓮慈惠堂

慈惠偈

元一居士

花開當知花謝，有無來自無有，
大鵬展翅千里，巨鯤悠游北冥。
萬物得性自成，固本得一歸原，
若問解脫收圓，先求靜定生慧。

第四篇　瑤池金母普度收圓定慧解脫真經

瑤池金母普度收圓定慧解脫真經　簡介

瑤池金母普度收圓定慧解脫真經，又稱《普度收圓定慧解脫真經》；簡稱《定慧解脫真經》，此經懿旨乃闡述瑤池金母對三期末劫太極界太極天靈，應劫救世，普度收圓之說法經文，並宣達世人可藉修定慧得解脫，及返本歸原之教義，此經典融合儒、道、釋三教的多元信仰文化，對台灣的靈修宗教信仰，影響深遠廣大。

瑤池金母信仰，自民國三十八年（西元一九四九年）在花蓮慈惠堂聖靈顯化，弟子信女身著青衣，以靈療療癒、暇身訓體、消災解厄與靈驗的密契感應經驗，在台灣六十多年間開展出千餘間分堂，成為台灣宗教中，令人注目的一門派別，在台灣戒嚴期間（民國三十八年至民國七十六年）受到政府部門的關注，並於民國五十六年（西元一九六七年）歸入道教，但各地慈惠堂仍以 瑤池金母娘娘／母娘為共同的信仰中心，各堂各自獨立，各自發揮。

慈惠堂命名之由來，乃於民國三十八年， 金母御降金言曰

慈心度世降瀛東，惠澤紅塵化碧宮，堂戒嚴明宜謹守，命名永記眾心中。

目前台灣 母娘的信仰體系，主要分為，(1)主祀 無極瑤池金母娘娘的「慈惠堂」體系，(2)主祀 無極王母娘娘的「聖安宮」體系，(3)主祀 無生老母（也稱 無極老母或 明明上帝）的「一貫道」體系，上述三位 母娘神尊，是三尊不同的無極神尊，在人世間為度化無極界與太極界的眾生而降臨，世人時有混淆，實屬誤解。

「定慧解脫，返本還原」是　瑤池金母化劫濟度、普渡收圓的根本核心教義，透過　瑤池金母慈悲為懷的惠澤眾生精神，相信對太極天靈避過三期末劫。有著絕對的幫助。

瑤池金母普度收圓定慧解脫真經　本文

是時。瑤池金母。在無極光中。命彩女董雙成仙姑恭傳經言。金母曰。自古吾師。玄玄上人。傳道於木公。木公傳道於吾。而後口口相傳。不記文字。而今。天開宏道。普度東林。願世人早求明師。參透心性。無如紅塵火宅。墮之甚易。出之甚難。若無慧力。何能解脫。欲求解脫。先須定慧。時慈航大士。合掌恭敬。而白母言。願母開方便之門。說解脫之道。眾生之幸。則慈航之幸也。

爾時。金母慈顏大悅。對慈航大士言。爾以大慈心。顯化東土。今以解脫相請。爾其靜聽。吾為宣說普度收圓定慧解脫真經。彼時。天放祥光。彩雲繞戶。鸞鶴侍衛。旌旆佈空。金母乘九鳳之輦。駕五色之雲。一時。三教聖賢。俱來擁護。天花繽紛。仙樂節奏。於是。金母悲憫東林兒女。放無極之光。即於光中而宣說曰。天從無極中開。太極日月三台。日月陰陽運轉。人從陰陽胚胎。或為男兮為女。皆從無極而來。只為中間一動。霎時落下塵埃。墜入五濁惡世。貪戀酒色氣財。因此輪迴旋轉。情波慾海生災。血水週流可愍。尸骸遺脫堪哀。金母說經至此。婆心慈淚頻催。爾時。慈航尊者。合掌恭敬而請曰。弟子聞母金言。無極既生太極。兩儀又分三家。萬物由此而生。又復由此而滅。何不令其不生不滅。以免血流滿地。骨脫如山。豈不甚幸。

金母曰。太極分判。天地生物之心也。血流滿地。骨脫如山。萬物自作之孽也。爾今問此。但有不生不滅之道。而無不生不滅之理。爾時。慈航尊者。長跪座前。敢請宣說不生不滅之道。金母撫膺良久曰。居。吾語汝。道者。反本之用也。萬物皆有本。由本而生枝。由枝而生葉。由葉而生花。由花而結果。人與萬物。不同質而同理也。本立則根生。根生枝葉茂。本枯則根朽。根朽枝葉零。是以修道固本。固本者何。人以孝悌為本。道以精神為本。孝悌立。而人無愧。精神足。而道可修。修道無他。還全本來面目而已。精神從何處散出。還從何處收來。

慈航尊者。聞母所言。心中大悟。又復稽首請曰。弟子緣深。幸蒙闡明道果。敢叩慈悲。再示解脫之道。可乎。

金母曰。解脫非難。難在定慧。身心大定。便生智慧。智慧既生。解脫亦易。欲明解脫。先除六賊。耳不聽聲。目不視色。身不觸污。意不著物。鼻不妄臭。口不貪食。六賊既空。五蘊自明。受想行識。如鏡見形。五蘊既明。三家會合。精氣與神。長養活潑。上下流通。何難解脫。

慈航尊者。聞聽母言。心中朗悟。稽首金容。而作頌曰。

自從無極生太極。或為人兮或為物。

輪迴生死幾千遭。墜落由來難解脫。
不識固本而修身。又如樹枯無枝葉。
瑤池金母發慈悲。親駕白雲賦貝葉。
先言道果合三家。後說智慧須定力。
六賊掃除五蘊空。返本還原為上著。
瑤池侍駕彩女仙姑頌曰。
慈航道人大慈悲。至三再四求解脫。
荷蒙金母說分明。指破天機真妙訣。
大成至聖與儒治世天尊頌曰。
人以孝悌為根本。道以精神為妙藥。

本立而后道自生。成仙成佛憑人作。
太上老君掌教天尊頌曰。
恰如久病遇良醫。又如青天現白鶴。
拳拳服膺朝五炁。三花聚頂能脫殼。
釋迦牟尼古佛天尊頌曰。
老母真言不忍秘。句句都是波羅蜜。
解脫定慧大工夫。留與眾生作舟楫。
眾聖賡頌已畢。老母說經方完。彩女侍衛。鑾駕騰
空。時三教聖賢。十方諸佛。頂禮恭敬。信受奉
行。流傳此經度世。收圓定慧。紅塵兒女。早夜誦

念。即口應心。心心上朝。金母自派護衛神祇擁護。身無魔考。家有平安。國有清泰。日念此經。保護安寧。夜念此經。夢裡無驚。行念此經。土地衛靈。舟車念此經。旅途保長亨。念念皆清吉。口口盡超昇。

（全文終）

瑤池金母普度收圓定慧解脫真經 白話文對照翻譯

是時。瑤池金母。
這時 無極瑤池金母娘娘

在無極光中。
在無極光中

命彩女董雙成仙姑恭傳經言。
命彩女董雙成仙姑恭傳經言

金母曰。
金母娘娘說

自古吾師。玄玄上人。
自古我的老師 玄玄上人

傳道於木公。
傳道給無極東王木公

木公傳道於吾。
無極東王木公傳道給我

而後口口相傳。不記文字。
之後 口口相傳不紀錄文字

而今。天開宏道。
現今 天門開啟弘揚大道

普度東林。願世人早求明師。

參透心性。無如紅塵火宅。

墮之甚易。出之甚難。

若無慧力。何能解脫。

欲求解脫。先須定慧。

時慈航大士。合掌恭敬。

而白母言。

願母開方便之門。

普渡東林 希望世人早日求得明師

參透了悟自性 無奈人間紅塵火宅

墜落甚易 脫離甚難

若無妙智慧之力 如何能解脫

想要求解脫 必須先靜定生慧

這時 慈航大士合掌恭敬

而向 金母說

希望 金母大開方便之門

說解脫之道。眾生之幸。
說明解脫之道　是眾生的福氣

則慈航之幸也。
也是我慈航大士的福氣

爾時。金母慈顏大悅。
此時　金母慈祥容顏非常喜悅

對慈航大士言。
對　慈航大士說

爾以大慈心。顯化東土。
你以大慈悲心　顯靈度化東土

今以解脫相請。
現在以說明解脫之道來請求

爾其靜聽。
你且靜靜聽來

吾為宣說普度收圓定慧解脫真經。
我為你宣教說此真經

彼時。天放祥光。
這個時候　天空放出祥瑞之光

彩雲繞戶。鸞鶴侍衛。
彩雲繞戶　五彩神鳥與仙鶴護衛

旌旆佈空。
金母乘九鳳之輦。
駕五色之雲。
一時。三教聖賢。
俱來擁護。天花繽紛。
仙樂節奏。
於是。金母悲憫東林兒女。
放無極之光。
即於光中而宣說曰。
天從無極中開。

旌旗佈空
金母乘坐九鳳之輓車
駕馭五色之彩雲
一時之間 三教聖賢
都來擁護 天花繽紛
仙樂節奏
於是 金母悲憫東林兒女
綻放無極光芒
就在無極光中宣教說
天從無極中開啟

太極日月三台。
日月陰陽運轉。
人從陰陽胚胎。
或為男兮為女。
皆從無極而來。
只為中間一動。
霎時落下塵埃。
墜入五濁惡世。
貪戀酒色氣財。
因此輪迴旋轉。

太極日月三台
日月陰陽輪流運轉
人從陰陽胚胎而來
或生而為男或生而為女
都從無極而來
只因為中間神念一動
一剎那間落下凡塵
墜入人間五濁惡世
貪戀醇酒美色名氣錢財
因此生死輪迴旋轉不停

情波慾海生災。
血水週流可愍。
尸骸遺脫堪哀。
金母說經至此。
婆心慈淚頻催。
爾時。慈航尊者。
合掌恭敬而請曰。
弟子聞母金言。
無極既生太極。
兩儀又分三家。

情感波濤色慾成海生成災禍
血水周流悲痛憐愍
屍駭遺脫真是哀傷
金母說經至此
婆心慈淚頻頻流下
這個時候 慈航尊者
合掌恭敬請示說
弟子聞 金母金言
無極既然創造太極
兩儀又分三家

萬物由此而生。
又復由此而滅。
何不令其不生不滅。
以免血流滿地。
骨脫如山。
豈不甚幸。
金母曰。太極分判。
天地生物之心也。
血流滿地。骨脫如山。
萬物自作之孽也。

萬物由此而創造
又再次由此而消滅
為何不讓萬物不生不滅
以避免血流滿地
骨骸屍體滿山
難道不是更有福氣嗎
金母說 太極陰陽分判
天地創造萬物之心
血流滿地 骨骸屍體滿山
萬物自己作為之罪孽也

爾今問此。
但有不生不滅之道。
而無不生不滅之理。
爾時。慈航尊者。
長跪座前。
敢請宣說不生不滅之道。
金母撫膺良久曰。居。
吾語汝。
道者。反本之用也。

你現在問此問題
是有不生不滅之道
但沒有不生不滅之理
這時　慈航尊者
長跪　金母座前
敢請宣教說明不生不滅之道
金母撫心許久說　居
我告訴你
道者　返本之用也

萬物皆有本。由本而生枝。由枝而生葉。由葉而生花。由花而結果。人與萬物。不同質而同理也。本立則根生。根生枝葉茂。本枯則根朽。根朽枝葉零。是以修道固本。固本者何。人以孝悌為本。道以精神為本。孝悌立。而人無愧。

萬物皆有根本 由根本而生枝幹
由枝幹而生葉片 由葉片而生花朵
由花朵而結實成果 人與萬物
形質不同而原理是一樣的
本立則根生 根生則枝葉茂盛
本枯則根朽 根朽則枝葉零落
所以修道要「固本」
甚麼是「固本」 人以孝悌為本
道以精神為本
孝悌立而人不會羞愧

精神足。而道可修。
修道無他。
還全本來面目而已。
精神從何處散出。
還從何處收來。
慈航尊者。聞母所言。
心中大悟。又復稽首請曰。
弟子緣深。幸蒙闡明道果。
敢叩慈悲。再示解脫之道。
可乎。金母曰。

精神足而道可以修行
修道沒有甚麼
還全本來面目而已
精神從何處散出
還從何處收來
慈航尊者 聽到 金母所言
心中大悟 又再次跪拜叩首請教
弟子因緣深厚 幸蒙闡述說明道果
敢請叩首慈悲 再次開示解脫之道
可以嗎 金母說

解脫非難。難在定慧。
身心大定。便生智慧。
智慧既生。解脫亦易。
欲明解脫。先除六賊。
耳不聽聲。目不視色。
身不觸污。意不著物。
鼻不妄臭。口不貪食。
六賊既空。五蘊自明。

解脫並不難 難在靜定生慧
身心大定 便生妙智慧
妙智慧既生 解脫也就容易
想要明瞭解脫 先去除眼耳鼻舌身意六賊
耳朵聽不到聲音 眼睛看不到形體
身體不碰觸汙染 意識不著於萬物
鼻子不隨意妄嗅 口腹不貪求食物
眼耳鼻舌身意六賊既空 五蘊自然清明

受想行識。如鏡見形。
五蘊既明。三家會合。
精氣與神。長養活潑。
上下流通。何難解脫。
慈航尊者。聞聽母言。
心中朗悟。稽首金容。
而作頌曰。
自從無極生太極。

受想行識　就像鏡子一樣映射見形
色受想行識五蘊既然清明　精炁神
三家會合
精炁與神　長期培養自然活潑
上下流通　解脫怎麼會困難呢
慈航尊者　聽聞　金母所言
心中明朗了悟　跪拜叩首　金母
容顏之前
而歌頌詩曰
自從無極生太極

或為人兮或為物。
輪迴生死幾千遭。
墜落由來難解脫。
不識固本而修身。
又如樹枯無枝葉。
瑤池金母發慈悲。
親駕白雲賦貝葉。
先言道果合三家。
後說智慧須定力。
六賊掃除五蘊空。

或為人或為萬物
生死輪迴幾千遍
墜落由來難解脫
不知道固本來修身
就像樹枯沒有枝葉
瑤池金母大發慈悲
親自駕御白雲賦說真經
先言修道之果需合三家（精、炁、神）
後說妙智慧需靜定之勤力
六賊掃除五蘊空

返本還原為上著。
瑤池侍駕彩女仙姑頌曰。
慈航道人大慈悲。
至三再四求解脫。
荷蒙金母說分明。
指破天機真妙訣。
大成至聖興儒治世天尊頌曰。
人以孝悌為根本。
道以精神為妙藥。
本立而后道自生。

返本歸原為上策
瑤池金母護持彩駕仙姑歌頌曰
慈航尊者大慈悲
再三懇求解脫之法
承蒙 金母說分明
點破天機真妙訣
大成至聖興儒治世天尊頌曰
人以孝悌為根本
道以精神為妙藥
本立而後道自生

成仙成佛憑人作。
太上老君掌教天尊頌曰。
恰如久病遇良醫。
又如青天現白鶴。
拳拳服膺朝五炁。
三花聚頂能脫殼。
釋迦牟尼古佛天尊頌曰。
金母真言不忍秘。
句句都是波羅蜜。
解脫定慧大工夫。

成仙成佛憑人做
太上老君掌教天尊頌曰
恰如久病遇到良醫
又像青天出現白鶴
拳拳服膺朝五炁
三花聚頂能脫殼
釋迦牟尼古佛天尊頌曰
金母真言不忍保守秘密
句句都是妙智慧
解脫定慧大工夫

留與眾生作舟楫。
眾聖賡頌已畢。
老母說經方完。
彩女侍衛。鑾駕騰空。
時三教聖賢。十方諸佛。
頂禮恭敬。信受奉行。
流傳此經度世。收圓定慧。
紅塵兒女。早夜誦念。
即口應心。心心上朝。
金母自派護衛神祇擁護。

留給眾生作船隻
眾聖持續歌頌已畢
老母說經剛剛完成
彩女侍衛　鑾駕騰空
這時三教聖賢與十方諸佛
頂禮恭敬　信受奉行
流傳此經度世　收圓定慧
塵兒女　早晚頌念
即口應心　心心上朝
金母自會派護衛神祇擁護

身無魔考。家有平安。

國有清泰。

日念此經。保護安寧。

夜念此經。夢裡無驚。

行念此經。土地衛靈。

舟車念此經。旅途保長亨。

念念皆清吉。

口口盡超昇。

（全文終）

身無魔考 家有平安

國有清泰

念此經 保護安寧

夜念此經 夢裡無驚

行念此經 土地衛靈

舟車念此經 旅途保長亨

念念皆清靜吉祥

口口盡超脫昇天

瑤池金母普度收圓定慧解脫真經 白話文翻譯

這時、無極瑤池金母娘娘，在無極光中，命彩女董雙成仙姑恭傳經言，金母娘娘說：「自古我的老師 玄玄上人，傳道給 無極東王木公，無極東王木公傳道給我。之後、口口相傳不紀錄文字，現今、天門開啟弘揚大道，普渡東林，希望世人早求明師，參透了悟心性。無奈人間紅塵火宅，墜落甚易，脫離甚難，若無妙智慧之勤力，如何能解脫？想要求解脫，必須先靜定生慧。」這時、慈航大士合掌恭敬，而向 金母說：「希望 金母大開方便之門，說明解脫之道，是眾生的福氣，也是我慈航大士的福氣。」此時、金母慈祥容顏非常喜悅，對 慈航大士說：「你以大慈悲心，顯靈度化東土，現在以說明解脫之道來請求，你且靜靜聽來，我為你宣教說此《普度收圓定慧解脫真經》。」這個時候，天空放出祥瑞之光，彩雲繞戶 五彩神鳥與仙鶴護衛，旌旗佈空，金母乘坐九鳳之輓車，駕馭五色之彩雲；一時之間 三教聖賢，都來擁護，天花繽紛，仙樂節奏。於是 金母悲憫東林兒女，綻放無極光芒，就在無極光中宣教說：「天從無極中開，太極日月三台，日月陰陽輪轉，人從陰陽胚胎而來，或為男或為女，都從無極而來，只因為中間神念一動，一剎那落下凡塵，墜入五濁惡世，貪戀醇酒美色錢財身氣，因此生死輪迴旋轉不停，情感波濤色慾成海生成災禍，血水周流可痛憐，屍駭遺脫真悲哀。」

金母說經至此，婆心慈淚頻頻流下；這個時候，慈航尊者，合掌恭敬請示說：弟子聞 金母金言，無極既然創造太極，兩儀又分三家，萬物由此而創造，又再次由此而消滅，為何不讓萬物不生不滅，以避免血流滿地，骨骸屍體滿山，難道不是更有福氣嗎？ 金母說：「太極陰陽分判，天地創造萬物之心，血流滿地，骨骸屍體滿山，萬物自己作為之孽也。你現在問此問題，是有不生不滅之道，但沒有不生不滅之理。」

這時、慈航尊者，長跪 金母座前，敢請宣教說明不生不滅之道。 金母撫心許久說：「我告訴你，道者返本之用也，萬物皆有本，由根本而生枝幹；由枝幹而生葉片，由葉片而生花朵；由花朵而結實成果，人與萬物，形質不同而原理是一樣的。本立則根生，根生則枝葉茂盛；本枯則根朽，根朽則枝葉零落，所以修道要「固本」。甚麼是「固本」？人以孝悌為本，道以精神為本，孝悌立而人不會羞愧，精神足而道可以修行，修道沒有甚麼，還全本來面目而已，精神從何處散出，還從何處收來。」

慈航尊者，聽到 金母所言，心中大悟，又再次跪拜叩首請教，弟子因緣深厚，幸蒙闡述說明道果，敢請叩首慈悲，再次開示解脫之道。可以嗎？ 金母說：「解脫並不難，難在靜定生慧，身心大定，便生妙智慧，妙智慧既生，解脫也就容易，想要明瞭解脫，先去除眼耳鼻舌身意六賊，耳朵聽不到聲音，眼睛看不到形體，身體不碰觸汙染，意識不著於萬物，鼻子不隨意妄嗅，口腹不貪求食物，眼耳鼻舌身意六賊既空，五蘊自然清明；受想行識，就像鏡子一樣映射見形；色受想行識五蘊既然清明，精炁神三家會合；精炁與神，長期培養自然活潑；上下流通，解脫怎麼會困難呢？」

慈航尊者，聽聞 金母所言，心中明朗了悟，跪拜叩首金母容顏之前，而歌頌詩曰：「自從無極生太極，或為人或為萬物，生死輪迴幾千遍，墜落由來難解脫，不知道固本來修身，就像樹枯沒有枝葉，瑤池金母大發慈悲，親自駕御白雲賦說真經，先言修道之果需合三家（精、氣、神），後說妙智慧需靜定之勤力，六賊掃除五蘊空，返本歸原為上策。」

瑤池金母護持彩駕仙姑歌頌曰：「慈航尊者大慈悲，

再三懇求解脫之法，承蒙 金母說分明，點破天機真妙訣。」

大成至聖興儒治世天尊頌曰：「人以孝悌為根本，道以精神為妙藥，本立而後道生，成仙成佛憑人做。」

太上老君掌教天尊頌曰：「恰如久病遇到良醫，又像青天出現白鶴，拳拳服膺朝五炁，三花聚頂能脫殼。」

釋迦牟尼古佛天尊頌曰：「金母真言不忍保守秘密，句句都是妙智慧，解脫定慧大工夫，留給眾生作船隻。」

眾聖持續歌頌已畢，老母說經剛剛完成，彩女侍衛，鑾駕騰空，這時三教聖賢與十方諸佛，頂禮恭敬，信受奉行，流傳此經度世，收圓定慧，紅塵兒女，早晚頌念，即口應心，心心上朝，金母自會派護衛神祇擁護，身無魔考；家有平安，國有清泰；日念此經，保護安寧；夜念此經，夢裡無驚；行念此經，土地衛靈；舟車念此經，旅途長保長亨；念念皆清靜吉祥，口口盡超脫昇天。

（全文翻譯完畢）

攝於　台灣石碇大羅上仙府

太一生水偈

元一居士

太一生水，三生萬物，
道者炁也，萬物之隩。

第五篇　太一生水

太一生水　簡介

太一生水，或稱《太一生水》，是闡述道家思想道與水關係的一篇文章。

西元一九九三年十月在中國大陸湖北省荊門市郭店楚墓出土的《太一生水》是該墓竹簡眾多篇章中的一篇。出土竹簡共八〇四枚，是目前世界上發現最早的原裝書，其中有字簡七二六枚，簡上字數約一萬三千餘字，經學者專家研究整理，郭店楚簡全部共為十八篇先秦時期的典籍。秦始皇（西元前二五九年—二一〇年）執政期間，當初焚書坑儒（西元前二一三年）的政策使大量先秦的典籍付之一炬，幸郭店楚簡在此之前已埋藏在地下，逃過了此劫，二千四百年後又得以重見天日。

自西元一九九八年《郭店楚簡》正式公佈以後，針對此篇研究論著近一百種，眾說紛紜。本組竹簡共存一四枚。竹簡兩端平齊，簡長二六・五釐米，上下兩道編線的間距為一〇・八釐米。其形制及書體均與《老子丙》相同，原來可能與《老子丙》合編一冊。由於整理出首簡首句四字為「大一生水」，整理者即以之命篇，學界迄今無異議。

本篇主要分為三節，第一節說明萬物由水、天、地所創造，水、天、地乃由大一（道一）所創造，成歲而止。第二節說明大一（道一）藏於水，此乃天地、陰陽所不能殺、不能成也。君子知此之謂聖，知天之道也。第三節說明天地之道之於人之道。

太一生水　本文

大一生水，水反【輔】大一，是以成天；天反【輔】大一，是以成【地】；天【地復相輔】也，是以成【神明】；神明復相【輔】也，是以成【陰陽】；【陰陽】復相【輔】也，是以成四時；四時復相【輔】也，是以成【寒熱】；寒熱復相【輔】也，是以成濕燥；濕燥復相【輔】也，成【歲】而止。

故【歲】者，濕燥之所生也；濕燥者，寒熱之所生也；寒熱者，【四時之所生也】；四時者，【陰陽】之所生也；【陰陽】者，神明之所生也；神明者，天【地】之所生也；天【地】者，大一之所生也。

是故大一【藏】于水，行於時，【周】而又【始】，【以己為萬】物母；【一缺】一【盈】，以【己】為【萬】物經。此天之所不能殺，【地】之所不能釐，【陰陽】之所不能成。君子知此之謂【聖】，【是以知天之道也】。天道貴弱，削成者以益生者，伐於【強】，積於【弱】，責【有餘，輔柔弱】。

下，土也，而謂之【地】。上，【氣】也，而謂之天，道亦其【字】也。靜聞其名。以道從事者，必【託】其名，故事成而身長。聖人之從事也，亦【託】其名，故功成而身不傷。天【地】名【字】並立，故【過】其方，不思【相當】。【天不足】於西北，其下高以【強】。【地】不足於東南，其上【卑以弱】。【不足於上】者，有餘於下。不足於下者，有餘於上。

（全文終）

註：【　】表竹簡內文缺字，後經學者補其缺字。

太一生水

白話文對照翻譯

太一生水。
道一創造水

水反輔大一。是以成天。
水返回輔助道一，所以成天

天反輔大一。是以成地。
天返回輔助道一，所以成地

天地復相輔也。是以成神明。
天地又互相輔助，所以成神明

神明復相輔也。是以成陰陽。
神明又互相輔助，所以成陰陽

陰陽復相輔也。是以成四時。
陰陽又互相輔助，所以成四時

四時復相輔也。是以成寒熱。
四時又互相輔助，所以成寒熱

寒熱復相輔也。
寒熱又互相輔助

是以成濕燥。
濕燥復相輔也。
成歲而止。
故歲者。濕燥之所生也。
濕燥者。寒熱之所生也。
寒熱者。四時之所生也。
四時者。陰陽之所生也。
陰陽者。神明之所生也。
神明者。天地之所生也。
天地者。大一之所生也。

所以成濕燥
濕燥又互相輔助
成年歲而止
所以年歲者，濕燥之所創造
濕燥者，寒熱之所創造
寒熱者，四時之所創造
四時者，陰陽之所創造
陰陽者，神明之所創造
神明者，天地之所創造
天地者，道一之所創造

是故大一藏于水。行於時。

周而又始。

以己為萬物母。

一缺一盈。

以己為萬物經。

此天之所不能殺。

地之所不能釐。

陰陽之所不能成。

君子知此之謂聖。

是以知天之道也。

所以道一藏在水之內，行於四時

周而復始

以自己為萬物之母

一缺一盈

以自己為萬物的規律

這是天所不能消滅

地所不能賜予

陰陽所不能成就

君子知此道理稱為聖人

因為知曉天道運作的方式

天道貴弱。
削成者以益生者。
伐於強。積於弱。
責有餘。輔柔弱。
下。土也。而謂之地。
上。氣也。而謂之天。
道亦其字也。靜聞其名。
以道從事者。必託其名。
故事成而身長。

天道重視柔弱
減損成者以幫助生者
將強的減弱，將弱的累積
將多餘的拿走，以輔助柔弱的
下，是土，稱之為地
上，是氣，稱之為天
道也是寫出的名字，清靜得聞其名
以道從事者，必定委託其名
所以凡事成之而身形長之

聖人之從事也。亦託其名。

故功成而身不傷。

天地名字並立。

故過其方。不思相當。

天不足於西北。

其下高以強。

地不足於東南。

其上卑以弱。

不足於上者。

聖人之從事者，也是委託其名

所以功業成就而身形不傷

天與地名字是並立的

所以天超過地之範圍，未能思慮相互平衡

天不足於西北方

是因為地勢高且強大

地不足於東南方

是因為天低下且柔弱

不足夠於上位者

有餘於下。
不足於下者。
有餘於上。

（全文終）

其下位必有多餘
不足夠於下位者
其上位必有多餘

太一生水

白話文翻譯

道一創造水；水返回輔助道一，所以成天，天返回輔助道一，所以成地；天地又互相輔助，所以成神明；神明又互相輔助，所以成陰陽；陰陽又互相輔助，所以成四時；四時又互相輔助，所以成寒熱；寒熱又互相輔助，所以成濕燥；濕燥又互相輔助，成年歲而止。所以年歲者，濕燥之所創造；濕燥者，寒熱之所創造；寒熱者，四時之所創造；四時者，陰陽之所創造；陰陽者，神明之所創造；神明者，天地之所創造；天地者，道一之所創造。

所以道一藏在水之內，行於四時，周而復始，以自己為萬物之母；一缺一盈，以自己為萬物的規律。這是天所不能消滅，地所不能賜予；陰陽所不能成就，君子知此道理稱為聖人，因為知曉天道運作的方式。天道重視柔弱，減損成就者以幫助生成者；將強的減弱，將弱的累積；將多餘的拿走，以輔助柔弱的。

下，是土，稱之為地；上，是氣，稱之為天；道也是寫出的名字，清靜得聞其名，以道從事者，必定委託其名，所以凡事成之而身形長之；聖人之從事者，也委託其名，所以功業成就而身形不傷。天與地名字是並立的，所以天超過地之範圍，未能思慮相互平衡。天不足於西北方，是因為地勢高且強大；地不足於東南方，因為天低下且柔弱。不足夠於上位者，其下位必有多餘；不足夠於下位者，其上位必有多餘。

（全文翻譯完畢）

後記

在撰寫本書的過程中，父親是第一位聽到本書經文翻譯的讀者，父親在病榻上聽我念誦經文與翻譯內容後，一週後即出院，很遺憾父親沒能看到本書的出版就離開人世。

在接近本書完成時，道苑的主事人員，因為要進一步開拓新局面，對於神通的追求與意念的執著，連人與人基本的應對判斷力都無法分辨，經過再三溝通也是無效，讓人著實心痛，本書出版也因此再度往後延遲。

在此願以本書與同好分享，時刻了悟生命的意義。

在虛幻的人生中，活出真實的價值；
在真實的價值中，復返靈性的究竟。
無極真好！

國家圖書館出版品預行編目資料

般若法門 / 元一居士 著 -- 初版. --
臺北市：上善堂文化 民國 106.11
面：公分 無極天靈自修經典系列
ISBN：978-957-43-4495-6 (平裝)

1.佛教 2.道教

218.2 106006025

般若法門—無極天靈自修經典系列

著　者：元一居士
出　版：上善堂文化股份有限公司
地　址：台北市民權東路三段 75 巷 2 弄 12 號 1 樓
電　話：(02) 2516-1415　傳真：(02) 2506-9941
郵　件：yuandao2017@gmail.com

代理經銷：白象文化事業有限公司
地址：台中市 402 南區美村路二段 392 號
經銷、購書專線：(04) 2265-2939　傳真：(04) 2265-1171
網址：http://www.elephantwhite.com.tw

出版日期：2017 年 11 月　初版
定　價：新台幣 250 元
ISBN：978-957-43-4495-6